Otras mujeres como lobas

Por Marisol Vera Guerra

Marisol Vera Guerra
Otras mujeres como lobas

Copyright © 2021 Jade Publishing

No part of this publication may be stored in a retrieval system, transmitted or reproduced in any way, including but not limited to photocopy, photograph, magnetic, laser or other type of record without prior agreement and written permission of the publisher.

Cover Art: Jade Publishing

First published in 2021 by
Jade Publishing
UNITED STATES OF AMERICA
P.O. Box 8413
Corpus Christi, TX. 78468

www.jadepublishing.org
ISBN: 978-1-949299-20-5

Printed in the United States of America

Otras mujeres como lobas

Por Marisol Vera Guerra

*Para Latika Marisol y Lucy Morgana,
las pequeñas lobas de mi manada.*

Índice

Otras mujeres como lobas 11
Vestigios 13
Zapatos nuevos 14
Ana en el hipódromo 15
Piélago 17
Utopía 18
Metáfora del hombre oscuro 20
La confesión de la ñoña 21
Melancholy: Me siento barro 23
Un iPad no es un vegetal 24
La Muerte y mi madre 26
Boston no es Comala / pero es propicio para matarse 27
Guía para abordar un avión en París 28
Mujer Zoo 30
Hoy no fui buena 32
El animal domesticado 34
Has aceptado esta solicitud <3 ☺ 35
Nunca fui una *pin-up girl* 37
Usuaria de Zoom 40
Selfie 41
Visión en mi fiesta de cumpleaños 42
Jeroglífico 44
Hora del té 45
Premonición del viaje 46
Los sueños son una segunda vida 47
Quiero un mundo donde mis hijas caminen libres 48

Filigrana de luz en el agua 51
Luisa 53
Petra 54
Eusebia y la muñeca. 55
Yolanda 56
Laura 57
Reneé 58
Romina 59
Zaira 60
María 61
Sashi 62
Alba 63
Del año en que murió Eusebia 64
La noche en que Silvia vino a mí como Virgilio 66
Nadie se acuerda de Héloïse Dubuc 68
Ella dice que se va 69
Gratitud 71

Otras mujeres como lobas

*Mi madre huyó del cazador
se ocultó en la madrugada del miedo.*

Perla Rivera, ***Adversa***
Honduras

Vestigios

Otras mujeres me acarician
cuando recojo cáscaras de nueces
en la calle —un lugar al que no pertenecen
luz ni tiempo— ¿qué mano ha estrujado
su blandura de fruta?
así me miro yo
frente al mapa de cicatrices
que traza el mediodía
mientras besa una muchacha mi cuerpo
a la intemperie: me recuerda
aquella uva madura
que derramó azúcar en mi boca
Otras mujeres como lobas   como chacalas y perras
escarban mi entraña
semilla de árboles perennes que me visten de cortezas
Aún me arropa la raíz de un pubis moreno
donde crecían las yerbas   los malos pensamientos
las traiciones   No fui nunca hija predilecta de la noche
fui en cambio la más amada por sátiros y ninfas
la más pequeña de las Furias
el último verso estampado en ruinas

Zapatos nuevos

No bailaré la danza del demonio
con estos zapatos que dejó mi madre
en la repisa
aderezados y limpios / antes de que yo naciera
destellando claridades rojas
que las brujas codician / No usaré
sus sandalias / rancias / ajustadas
al tobillo de la muerte
ni las botas de cuero de buey ni las calcetas grises
olorosas a lejía

Yo tejeré mi alpargata
hilo a hilo
caracol de mar y azogue
ensortijado en luces –blanca estridencia–
mientras la Luna baja
retozando
como armiño en mi cadera

Ana en el hipódromo

Esta noche espío a mi cuerpo
y me deleito en la negrura como las yeguas
cuando persiguen su propia sombra en la arena
a veces me hace bien
(sabes)
inyectarme un poco de veneno
igual que una vacuna
así
en el labio superior
en la vena cava o en los poros de la nariz
luego tomo la estopa
me sacudo
limpio los rastros de sangre y sigo
un pie y otro pie
hasta la línea que corta el horizonte:
es un buen escudo
contra los trenes
una manera más sutil de adulterio
en la que soy yo misma el jinete
y el caballo que cae a media pista
con el cuello destrozado
y se levanta
para avanzar un tramo
rodar de nuevo

avanzar
hacia ningún lado
no importa
¿entiendes?
fui hecha para incendiar muros
para sacar chispas a las rieles
(aún en esta hora
en la que todos somos tolvanera)
con mis manos que pulen el fuego

Piélago

Ayer la tormenta
echó al suelo la ropa que acababa de tender
y el viento me empujó adentro de mi casa
parecía venir desde un puerto lejano (del norte quizá)
como si el Atlántico soltara el grito mudo de los peces
Los restos de lluvia en la ventana
me recuerdan los ojos de mi abuela
aquella imperturbable luz deslizándose
hacia las camisas limpias / recién dobladas
la serenidad con que cuidaba del hogar
"nosotras venimos del agua (decía) nuestros cuerpos
salieron del moho" / ¡por fin
mientras regreso al lavadero las prendas de mis hijos
descifro el arcano de su risa! /
este barro pegado en las solapas
los marineros lo traían untado a la suela del zapato
y el aire enloquecido se los arrebató / lo hizo volar hasta mi puerta
con un olor a medusa y hueva de salmón
Ahora lo sé: las tempestades son puentes
hacia el piélago de la memoria

Utopía

Imagino un mundo sin capitalismo
mientras bebo a sorbos la luz artificial
de un anuncio de perfumería
en esta mesa rodeada por hombres extraños
mi *cappuccino* no es tan dulce
para enfadar al alma *fitness* que me habita
sí lo suficiente
para que mi amígdala trote
como una escaramuza: Debo entrenar
de vez en cuando al miedo
por si vuelvo a estar secuestrada en la Sierra Gorda
o perdida
entre las lenguas romance y las anglosajonas
buscando mi *gate* con la ilusión de volver a casa
como si a algún lugar del planeta
pudiese llamarlo "mío"
la palabra "casa" se derrumbó hace más de veinte años
tras una puerta de cedro
era entonces una chica sencilla
(la infancia guardada en un puño
pastosa como *Play-Doh*)
juro haber bebido
leche de una caja / agua embotellada
hasta que tuve edad para votar

cuando el Libre Comercio se volvió
una enzima en nuestros cuerpos
¡en el umbral del siglo todo tenía olor a nuevo!
no al estilo de la "Suave patria"
(Velarde nunca imaginó el arrullo en la oreja
de un iPhone recién salido de la tienda)
sino
un código deslactosado
libre de gluten
y de días amargos
este café en todo caso
no se parece al que servía mi abuela
luego de quitar la olla de peltre
del fuego
el sabor de la nata sobre la leche recién hervida
es ese tipo de cosas que vienen a mí
cuando estoy
a punto de cruzar una frontera
y miro bajo el ala del avión
los residuos del derrumbe
por el que he pagado con mi Visa Electron

Nueva York, diciembre de 2019

Metáfora del hombre oscuro

Y estaba su cabeza entre mis manos
igual que una esfera de bronce
no tenía boca ni esfenoides ni papilas gustativas
era el hombre de corbata a rayas
que iba a escribirme un poema
y en lugar de eso metió su lengua en mi entraña
(aunque no sé si fuese
otra forma de metáfora)
y su rostro
se erguía sobre mi lecho
tan alto
rasgando ruidos de relámpago empalado
tótem con silueta de padre y abuelo
el rugir del cazador
que hace miles de años
preñó a la bestia
mientras
detrás de una fogata
le decía: "¿Y si yo fuera en realidad tu espejo?"

La confesión de la ñoña

Nunca soñé con algo que no fuera
trepar mi motoneta
y volarme la clase de inglés
suspirando
por la misma canción
que hacía suspirar a otras niñas
sentarme en la fila de las normales
con mi cara común y mis ojos comunes
y mis gustos más comunes aún
ser como Hilda o como Rosa
como la sobrina del panadero
o mi prima Eliza
vivaces pero no excéntricas
soñadoras pero no idealistas
cofia   bucles   ágiles rayitos
tener un pie derecho y otro izquierdo
para bailar *country* sin torcerme el tobillo
y no recibir un pelotazo
en la cancha de *Vóley*
miles de ensayos
(noche a noche)
ante el espejo
no escondieron al insecto
alado entre mis dientes

ni los cientos de ungüentos
aliviaron el mal olor de axilas
o ese
fluido verde en mi nariz
decían mis padres
tú hueles como huelen todas las chamacas
no salen tentáculos de tus orejas
solo yo sabía mi condición extraterrestre
lo fácil que olvidaba
palabras como *puerta* o *aljibe*
y recordaba (en cambio)
otras como *Ogigia* y *Cerbero*
no entiendo
—no—
eso de querer ser diferente
lo único que siempre quise
fue
no tener algo roto
no saberme extraña
y parecerme a cualquier adolescente
que se dibuja
corazones
en el brazo con una pluma Bic

Melancholy: Me siento barro

> *Pero sé que la tristeza es gris y fluye.*
> *Porque solo fluye en el mundo la tristeza.*
> **Dámaso Alonso, "A un río le llaman Carlos"**

Para Silvia, Leonardo, Helena y Luisa

Cada ciudad tiene un sitio para matarse
los puentes son bien cotizados
más si pasan encima de *ríos que se llaman Carlos*
(así lo dijo el poeta sentado en su orilla)
o si tienen el nombre de un presidente
y te llevan entre las montañas
o si cruzan el Gran Canal
de un casco donde flota el tiempo
a veces la oscura carpeta asfáltica
una ventana con barrotes rotos
el chorrito anegado por los rezos
es el refugio exacto para el tedio
el suicida nunca sentirá
que la roca y el agua se olvidaron de él
pero el suicida no sabe
que si no va al puente
aun así
va a morir

Pereira, febrero de 2020

Un iPad no es un vegetal

No le regales un iPad
a una mujer que no sabe cocinar
menos si es pobre
y ha ido en vuelo económico al Sur
querrá ver tutoriales en YouTube
para hacer tortas de maduro
porque
su memoria no le ayuda demasiado
y aunque su amiga caribeña
se haya esforzado por darle la lección
ella es torpe / torpe
como una piedra
como una noche sin horizonte
pondrá la manzana mordida
junto a la parrilla eléctrica
pensando
oh / sí
los artefactos son amigos
salpicará leche y aceite
con la gracia de una medusa
y luego irá al proveedor
a quejarse como niña:
su obsequio no parla más
no registra el sonido

se volvió mudo
igual que una carpa
un bagre
y no le queda otro remedio
que arrojarlo al río

La Muerte y mi madre

Por aquella colina de sombras escarpadas
la Muerte echó a mi madre al suelo
y ella rodó como un sol en eclosión
las raíces del encino guardaron su grito
vino después
la hermosa dama de dientes amarillos
con una cofia blanca
a concederme los dones de la inmolación:
un estómago rumiante
una muñeca inmune al corte
una cabeza que se vuelve pájaro
¡y el ansia loca
de arropar bebés en el cunero!
yo era el más grande (sin duda) saco de sebo
                hipoglucémico
Mi madre dijo que me amaba
como se ama la oscuridad de un ataúd

Boston no es Comala /
pero es propicio para matarse

> *Sentí que el pueblo vivía. Y que si yo escuchaba solamente el silencio,*
> *era porque aún no estaba acostumbrado al silencio;*
> *tal vez porque mi cabeza venía llena de ruidos y de voces.*
> **Juan Rulfo, Pedro Páramo**

Bien sé que ahora no necesito leer a Poe
si puedo leer a Borges
y no necesito a Borges si tengo a Cortázar
al cabo puedo trazar rayuelas en el patio
donde la Luna tejía cicatrices
aunque
soy una romántica
creo en las premoniciones
y me gustan los puentes
los lagos congelados / las ardillas
que trepan por las estatuas del Parque Central
la escarcha untada a mi cabello
como queso crema
y aunque aquí
los muertos no dialogan en sus tumbas
sí flotan en agua densa

Guía para abordar un avión en París

Ubica en un mapamundi
el tren de asientos rojos: lo verdadero
es el color en tu cabeza / la textura de las luces
en el Charles de Gaulle Aéroport
Camina sin pisar los pliegues de tu sombra
como si entendieras el ritmo de la lluvia
Memoriza dos o tres palabras
donde se arrastre un animal azul
   atterrissage   passager
por ningún motivo preguntes la hora
pensarán que eres demasiado torpe / un poco vulgar
Aprende a correr como rarámuri
y a serenarte como Sokushinbutsu
aunque no tan descalzo ni tan ascético
Mira las pantallas / no dejes de mirar las pantallas
son más confiables que la lotería
más lúcidas que los monjes y los publicistas
Recuerda: no todas las lenguas romances
son livianas y amigables
algunas tienen demasiadas "erres" o les sobra cortesía
No beses la boina de la sobrecargo
ni los botones del piloto
Déjate ir hacia las nubes
en un perfume de turbulencias

Y cuando llegue la hora de tumbar las bandas amarillas
¡hazlo sin piedad!
abre la boca grande / (hiper)ventila
El avión no se irá sin ti

Mujer Zoo

Cuando he amado a un hombre
o a una mujer
lo he hecho como un gato
afilando mis uñas en sus piernas
acurrucándome bajo su brazo en las tardes frías
saliéndome por la ventana abierta
antes de que él o ella despierte
e intente hacer conmigo un experimento cuántico
le exijo mi alimento
con la dignidad de un faraón
en el umbral de la casa
segura de que me lo merezco
En cambio
cuando escribo un libro
soy como la hormiga agricultora
diligente / silenciosa
que acarrea con paciencia cada hojita
para abonar la tierra
aguardando el brote del hongo milenario
sellando cámaras subterráneas
para evitar la inundación
Con mis hijos soy un poco marsupial
(untado el crío al vientre
al hacer la faena)

OTRAS MUJERES COMO LOBAS

a ratos soy también loba
encías al aire
colmillo enhiesto bañado en sanguaza
Tengo otros animales en mi cuerpo
de los que podría hablarte
los adivinarás si me observas por las noches
justo en esa gruta
donde caen las máscaras humanas
dejo claro sin embargo:
nunca
bajo ninguna circunstancia
seré una mantis ni una araña
aunque bien pueda arropar a estos bichos
con la misma ternura que abrazaría un oso

Hoy no fui buena

ni encantadora
ni amable
hoy fui una sombra
ceñida en la mandíbula
una mujer un poco hambrienta de sí misma
que abrió el grifo y la cremallera
(afilado el cuchillo mondador sobre la piedra)
sin motivo
solo por ver qué se siente
no diré nada en mi defensa
estoy habituada a estos arrebatos:
gruñidos que suben y bajan escaleras
tambaleándose
(el síncope de un hombre en la mesa)
pero esta vez no
no fui linda
ni templada
dejé que el espejo derramara mercurio
en mi boca: una palabra irascible
de esas que uno enmarca en el muro
como título de propiedad
con cierto cinismo
escarbando una brecha entre los dientes
y no me quejo

OTRAS MUJERES COMO LOBAS

pude haber salido de casa
iluminarme
bajo la copa perenne de los árboles
besar con gratitud el aire
en cambio
me eché sobre el suelo
perezosa y malcriada
para jugar con los hilos de mi falda
esbozando la magnética sonrisa
de un gato que desaparece

El animal domesticado

Desde la planta alta de este edificio
atisbo al animal que amarré al mediodía
dócil y atento
habituado a mi arrumaco
esa bestia de cabeza estriada
que solía crispar la piel del viajero
y hoy sonríe con expresión torpe
algunos le acarician la pelambre al pasar
buen perro eh
mas no
no es
un cachorro
sino ese carnicero que perseguía poetas
en las calles de Baltimore
o les hacía escupir sus mejores delirios
antes de cumplir los diecinueve
el mismo que Dante soñó sumergido en la tierra
el chacal heraldo del alma
el lobo cancionero del trueno
el inocente amigo del vino y la derrota
Lo saludo con una reverencia:
¡Hermano, hicimos buenas cosas juntos!

Has aceptado esta solicitud <3 ☺

Un escritor de esos muy encumbrados
me agrega a Facebook
me invita a dar *like* a su *fan page*
y comparte su semblanza
(que no le pedí / por supuesto)
soy amable:
me gusta leer gratis a los autores
algunos realmente son buenos
tienen hipálages
anécdotas
con un *valet parking* o un policía
y viajes a París
él envía un *emoji* de corazón
y yo le envío otro
a los escritores que muestran su CV
por la madrugada
me encanta encorazonarlos
a mis amigas (en cambio)
les mando *stickers* de gatitos
luego pregunta mi edad
te ves muy joven dice /
estoy habituada a escucharlo
él (como el de ayer)
se volverá hormiga

cuando sepa
que hace mucho rebasé los 30

Nunca fui una *pin-up girl*

No puedo amar a los hombres
que trabajan ocho horas en un banco
ni a los fanáticos del *gym*
obsesionados con la masa muscular
ni a los que escriben poemas sobre la primavera
aunque amo la primavera y me gustan las aves
y Dios sabe que
a diario hago la rutina de pilates
intento ser una chica sensata
archivando minutos en estantes de metal
"mijita –me dice la dama del pastiche
curvada como herradura
de tanto cargar a su marido esquizofrénico–
cierra bien la ventana
baja el dobladillo de tu falda
y no evadas tu declaración de impuestos"
la verdad
los hombres que he amado
están un poco lisiados
o les sobra algo
o cargan demasiadas almas en el pecho
tienen la amígdala agrandada / un ojo
que salta de su órbita como escayola
he amado a un antonio

a muchos jesuses
uno que otro josé
un par de luises
ningún pedro
tal vez un javier
varios andreses
(todos imposibles
si no caían en el incesto
sí en el adulterio)
y también amé un rodrigo
un octavio (o quizá dos)
un carlos
el único con el que no follé
(o tal vez tampoco lo hice
con algún otro
y por dignidad no lo digo)
intenté ser
la chica sonriente de la caja de cereales
el ángel de la pasarela
pero no
jamás tuve rulos dorados
ni hombros perfectos
nunca fui una *pin-up girl*
me ha sido negada esa gracia
no puedo caminar con los pulgares
ni colgarme en la cornisa de un rascacielos en Dubai
lo que soy

es esta mezcla de buitre y almeja
esta sonrisa a medias
unos huesos que escriben
madre de los desposeídos

Usuaria de Zoom

Tengo talento para reiniciar sesión
cada vez que me bota el sistema
(por favor cambie de navegador
para instalar la App)
no hay problema en ir de Chrome a Safari
ni en dejar mis
zapatos de tacón de aguja
cerca de la cama / el negligé
empolvado por un celibato pandémico
lo que me angustia
es deletrear mi nombre
sobre la fría pantalla
cuando al fin logro entrar
que mi mano se vuelva medusa
frente a decenas de ojos
que no basten las dotes adivinatorias
de las demás usuarias
para saber quién soy

Selfie

Quise caminar junto a un hombre alto
guapo de esos que
llaman la atención por su seguridad
su fuerza
su forma extrema de abrir botellas con los dientes
y de golpear paredes con los puños
luego de incontables citas
en las que
el hombre guapo y fuerte resultó de utilería
desnudé mi brazo izquierdo
vi la perfección del bíceps
y me hice acompañar de mi sombra
fui yo el hombre y el muro
(beso y oxígeno)
colgué mi fotografía en Instagram

Visión en mi fiesta de cumpleaños

Para Alfredo, Dolores y Rebecca

Ayer vi a la ternura
y no la senté en mis piernas / desde hace
más de un siglo nos quedó claro /
nada puede hacerse contra el tedio:
insaciable tarea de traficar espejismos
la dejé
recostada en el sofá con la mandíbula abierta
(esa membrana rota entre los incisivos
y un par de hoyuelos azules)
mientras succionaba uno
dos tres gusanos verdes alacranes
la vi ahí
como una mujer que acaba de cruzar un puente
      hacia el abismo
como un hombre que hace mucho ha dejado
      de reconocer su rostro en la ventana
como una estudiante que ensueña el futuro
      y solo halla un cargamento de pólvora
yo
había estado caminando sobre agujas
mirando un cielo sin pájaros
          sin fuegos de ocaso
          sin fragor de tambores

y
conocí la palabra
tantas veces negada a mis labios
ahí estábamos las dos
la ternura y la salvaje que a veces soy
vomitando restos de plumas en la alfombra
con la paciencia de un monje
quise abrazar su pecho sacudirla
hasta abrir sus alas
¿cómo espantar mi letargo?
lo normal habría sido el sebo
que disuelve arsénico bajo la lengua
pero ella estaba tan cerca
y era tan mía
y era mi madre
un Virgilio andrógino
bajo las puertas córneas del sueño

San Antonio, 28 de septiembre de 2019

Jeroglífico

> *Es su mirada serena y pura*
> *de su nativo candor retrato,*
> *y de sus labios el eco grato*
> *lleva las almas en pos de él.*
> **Salomé Ureña, "Anacaona"**

Amo a un hombre
que lleva en su sangre la fuerza de diez jabalíes
y la historia de un continente devastado
cuando entra en mi cuerpo
el lenguaje me crece como un tendón o una costilla
y mi pubis se hace jeroglífico
lo amo como se aman ciertos pájaros
perdidizos al vuelo
algunas gacelas feroces cara de tigre
en sus manos soy vainilla tallada en vidrio
dúctil túnel de almíbar
no me importa demasiado el concepto
    peluria   vello   body hair
lo sé bien
decir que amo a un hombre en estos días
es arriesgado
pero
juego a ser la predadora
(mis dos órbitas al frente anegadas de visiones)
me echo encima de sus piernas con la pericia del viento
y después del estallido
me escapo entre los abedules

Hora del té

Bebo el té en una taza árabe
que no compré en Arabia
pero al deslizar sobre el mostrador
los diecinueve dólares que pedía el mercader
vi camellos pasando por el ojo de una mujer mestiza
ella no creció en la península
ni se bañó en el Mar Rojo
y la tienda donde adquirí mi vajilla
estaba más bien en este mundo
donde nacieron mis abuelas:
diré (sin embargo)
en pocos siglos
ha perdido por completo
su olor a nuevo

Premonición del viaje

La alondra se acicala
sobre las tejas laminadas / y
al fondo
el escorzo de sus alas en el agua

Yo soy (también) ave
que sobrevuela el día /
la piel ceñida bajo el vestido indócil

Los sueños son una segunda vida

> *La imaginación humana no ha inventado nada*
> *que no sea verdad en este mundo o en los otros.*
> **Gérard de Nerval, Aurelia**

Tomé tu mano sobre el canal
(y el *acqua alta* no había trepado por la barandilla)
pero en mi sueño
aquel puente no tenía nombre
y al despertar lo he buscado
en todas mis fotografías
fui del *Ponte di Rialto* al *della Costituzione*
dejé escapar algún suspiro
aunque no era la Muerte
quien me hablaba / sino el Viento
colgué tu risa en mis pestañas
para teñir de fonemas el agua
y el mundo no se había cubierto de ceniza
solo de canciones / un deseo fugaz
de echar el pasaporte al Adriático
y ser
contigo
escarceo de olas en bajamar

Quiero un mundo donde mis hijas caminen libres

donde nadie las juzgue por viajar solas
por usar falda corta
por abrir el cofre de su cuerpo al placer
por amar a los hombres o amar a otras mujeres
por tenderse junto a los lobos o danzar con las serpientes
que elijan
la exaltación del vino o la quietud del agua
puños que rompan muros o vientres que alberguen cantos
carmín cobalto en la espalda o el bronce del verano
quiero un mundo en el que
ningún dios
ningún dogma
ningún hombre
ninguna ley
las censure
las mutile
las margine
que nadie les diga que vinieron a parir
que nadie les diga que vinieron a limpiar
que nadie les diga que su lugar es otro
un mundo a la medida de sus brazos
a la medida de mi amor por ellas
del amor de todas las madres por sus hijas
un mundo en el que yo no necesite escribir este poema

OTRAS MUJERES COMO LOBAS

Filigrana de luz en el agua

Soy una mujer que se alargó de forma prematura los huesos
porque quiso ser más larga que el río
y salvar a la niña que
se ahoga mientras llueve

Luisa Villa Meriño, ***Dios fue mejor cuando era tigre***
Caribe colombiano

Luisa

Sueño que
soy yo quien llega al mar
y desata tus dientes –esa mordedura vieja–
y tus palabras tiemblan
como animales que han estado en cautiverio
y soy yo
quien les palmea las tildes   los espacios   las melenas
para que sigan la marea
y echen al acantilado el cordón que las detiene

Petra

Estaban todos esos días
en que no sabía cómo quererte
no es que no vistiera de lavanda mis cabellos
o fuesen mis brazos un resorte roto
es que en el espejo no hallaba
a la mujer
que desde niña habías trazado para mí

No calzaba el vidrio de tus sueños
ni ceñían mi frente los laureles de la buena hija
había amado a más hombres
de los que me dijiste que estaba bien amar
y amaba también a las mujeres
no como se ama a una hermana
sino
a la flor que endulza el dobladillo de la falda

Bogué en mares lejanos
de los que nunca hablaste
y regresé a ti (espina suave al tacto)
como la anémona a la piedra

Eusebia y la muñeca

Eusebia zurce trozos del día
para remendar mi Sino –deshilachado en otra hora
por los perros– aquí borda un alelí
acá mariposas
tejos   nubes   la cola airosa de la zorra
un
vestido azul envuelve
a mi muñeca / Las manos milenarias de mi abuela
ajustan con esmero los estambres
el canesú / las lentejuelas
y al centro de su pecho: una garra con azúcar

Yolanda

Dime cuál es tu nombre
Yolanda   Laura   árbol de amate   talismán o nube
qué otros nombres me has ocultado   que sola tú sabes
(que nadie)

Cuéntame quién eres
quién palia el llanto solemne de tu sombra
qué Incubus inflama tu espejo
quién te arrebata ese gruñido de loba

Has dado a luz como yo: tus hijas son pétalos preciosos
que cortan el agua de las miradas
y aún sin abrir tu signo a las rocas
(por donde mi planta desliza ambrosías)
me alegro contigo
porque la piel ha dejado de ceñirte
y tu cuello oxidado no sangra más

La flor es siempre vieja (dices) *desde antes de ser flor*

Acaso
ese día en que Dios jugaba a destejer el universo
y en la longitud perfecta del vacío crecían espigas
ya estabas tú añorando este poema como si fuera antiguo

Laura

No era la última mujer tras el derrumbe
ni la extraña heroína
dentro de una caja [muerta / no muerta]
que arañaba como gato esa palanca
—no se lo digas a Schrödinger—
no era —te lo juro—
la señora a la que habían brotado espinas
ni el cactus con delirios fémicos
la *sin* lengua   la *sin* rostro   la *sin* cuerdas
    cuánticas   vocales   heréticas
            [con tilde / sin tilde]
No era sino el viento: risa arrastrada en fonemas

Reneé

Acaso el pez (templado)
vuelve a ser la boca donde se gesta el mundo
fingimos
que el dolor es una estrella sin agua
porque los ríos del pensamiento se han desbordado
    te reflejas
en la pupila negra del Origen
ahí   manos de mujeres entrelazan nuestro canto

Romina

SOMOS CÓDIGOS
(dices)
pero (no)
todo cabe entre dos líneas casi oblicuas
hasta los ojos con que lees este poema
hasta la tilde invisible de mi nombre
hasta mi . . .
    ¿cuál era la palabra?
    mano (o cartilaginoso búnker)
    cualquier cosa con dedos (¿la nariz del topo estrella?)
los signos pasan bajo el puente de sonidos
como gatas (a gatas) ágatas
la R brilla felizmente cuando estás en ella

Zaira

He podado la hierba detrás de tu alcoba
pero sigue brotando esa flor de sombras chinescas
                        que devora hormigas
¿cuál es la fuente de la juventud?

En tu cocina las papas y las coles se alinean con parsimonia
    es la hora de besarle los párpados al fuego
    de zurcir las arterias cosidas al plexo
    y beber la infusión que prepararon los silfos

[buscar aquí un sinónimo de "olvido"]

Llegan [ahora] las aves de tu deseo
mientras duermen los últimos vocablos
que afianzó la Luna en su exilio

María

Una mujer hace dormir a un niño al otro lado del mar
mientras la horda de peces
clava sus colmillos en mi areola

Aquí [no] está tu mano
y mi piel es traducida a una lengua que no hablo

Ella conoce ahora mi secreto más raro
algo sobre tijeras y lechones
¿cómo te lo explico?
la muchedumbre me ha visto escanciar palabras en su oído
con la dulzura de la caña
pero nadie ve lo que Ella ve
nadie ve con los ojos de Ella

La mujer que duerme al niño al otro lado del mar
entró conmigo a la habitación del sueño
a exhumar flores y anélidos
Ella [pues] no es como nosotros
tan luminosa ¡ay!
tan pálida
que dolía verla
besando mis párpados con la misma ternura
que se besa un nonato

Sashi

No le pidas al tiempo la ingenuidad de las olas
no está quieto nunca el mar
ni cesa en su danza la abeja
o el Sol en su reyerta: míralo tender su arco de fuego
–diez mil flechas de hidrógeno en el cielo–
al final nadie gana
la oscuridad es dosel de la estrella nueva
eres perfecta –así–
porque tu cuerpo guarda
la cicatriz de la Luna y la voz de las amazonas

Alba

Iba a escribir aquí un poema hermoso
inmaculado y celeste
que te hiciera cerrar el iris
como un tulipán sus lienzos   cuando el sol
        arborece
        fuego adentro
y la quietud de los jardines llena el aire
de fantasmas
            tibia espora que fecunda el alba

Del año en que murió Eusebia

En aquel tiempo
Ella me contaba sus sueños al teléfono
su mueca no se había paralizado
ni su piel —capa de cebolla—
se había desprendido de los huesos
me hablaba sobre un agujero en la tierra
peces   agua revuelta con sangre
y unos hombres
que pararían mi casa con otates
yo también tenía un esposo
que engendraba niñas y espectros
el recuerdo de un perro
vencido por un virus (ya nos enseñó Wells
que los microorganismos
son peores que los marcianos)
y no olvides la celulitis
las estrías
la leche
cierto amor extraño hacia las mutilaciones
un perineo dos veces cortado
y una parrilla descompuesta
no faltaba la vecina
que regalaba dulces en Navidad
y reclamaba mi ingratitud en enero

una mujer se aparecía en mi cama
algunas noches
con su hocico de muerta
peinando sus cabellos
como crines
frente al espejo   decía
déjame llorar cinco minutos más   el rodillo
en mi mano
la navaja abriendo la capa subcutánea
y esa dosis mínima de oxitocina
que Eros nos inyecta en la vena
lo sabes
ahora
la casa tiene más habitaciones
aunque sigue sin ser nuestra
mis células volvieron a alinearse
en un tablero inmaculado
ya no recibo llamadas
y nadie se peina bajo mi sábana

La noche en que Silvia vino a mí como Virgilio

1.

No nos esperaban nuestras madres
sin embargo / nos amaron
al primer
instante en que nos vieron   anémonas viscosas
                                    desgajadas de algún cielo

2.

Tú te llamarás Narciso
por esa manera de apresar la vida
como flor nacida de mi espejo
y esta corona de luces
                que te ciñe el vientre

3.

Eres tan pura   hermana mía
alto y sublime obelisco de oro
donde las estrellas se colapsan
y juegan a reinventar la noche

4.

Comimos la uva
y el cancerbero despertó con nuestro aullido
–había caído la navaja de tu mano–
imposible adormilarlo de nuevo

5.

Amamos a las bestias
como a reflejos que se agitan en el barro
lamiendo la orilla de nuestra lengua
    las llamamos hombres
    para dulcificar el *fatum*

6.

Ahora la rama toca el Sol
y sus dendritas arden
no –ya– el fruto / sino el tronco
donde se gesta la inocencia

Monterrey, 16 de septiembre, 2014

Nadie se acuerda de Héloïse Dubuc

Nunca quise ser esa mujer de pies fríos
agrietada entre las sábanas
que tiembla
aguardando la caricia del bisturí
aquella buena esposa
que no protagoniza ningún libro
–muerta o abandonada
en los primeros capítulos–
flaca
huraña
sin chiste
de formas simétricas
monocromáticas
abúlicas
que no lee novelas de caballería o de amor
ni siquiera revistas de Medicina
y no posee una buena renta
y
por supuesto
que no necesita comer arsénico
al llegar a casa

Ella dice que se va

Ella tendía sus prendas íntimas
en la línea azul del horizonte
su cuerpo jarocho
—pequeño y moreno como el mío—
levantaba un pie
a guisa de ciertas aves
ardeidas
pelecaniformes
de hábitos acuáticos
mitad sirena y mitad poema
y el aire embravecido
acunaba el filo de sus dedos

Ella un día no quiso
salir más a la orilla del océano
la hilera de nubes que aguardaba
en cada amanecer sus risas
tendidas
al sol
se fue secando
igual que el tronco en las arenas
sin conchitas
sin el *flash* de una fotografía
sin el molde perfecto de sus pies

Ella dice que se va
que el mar la lleva lejos
alza su mano saludando al tiempo
yo
quiero anclar su corazón a mi palabra
entre reflejos tibios:
¡Ven! ¡Ven!
amada mía
musa milenaria
Madre
No nos dejes

Ella es (ahora)
filigrana de luz en el agua
una isla
donde los niños arponean espejos

Gratitud

Podría decir que este libro
se lo debo a mi talento
a mi título universitario
a mis desvelos
la verdad es que todo se lo debo
a la muchacha que una tarde
me encontró
llorando en la Avenida Hidalgo
y sin conocerme apenas
no sé cómo se llevó en sus dedos
la tristeza
y me dejó a cambio un calor desconocido
volvería
dos veces más
(emisaria de un destino indescifrable)
a decirme *anda hacia tu casa*
y no sé si ya llegué
(sigo dudando de ese mérito)
un día quise preguntarle
y salió huyendo de mis brazos
se encerró en un cuarto
me dijo
que yo podría ser madre de un psicópata
acaso no sea esta la vida que ella imaginó

para mí (aquella tarde)
entre el ronronear de palmeras
y el transparente silencio de los gatos
ni sea este (tampoco)
el poema que le gustaría habitar

OTRAS MUJERES COMO LOBAS

Fotógrafo:
Giovanni Pasinato

Autora

Marisol Vera Guerra (Ciudad Madero, Tamaulipas, 1978). Psicóloga, maestra en ciencias de la educación y la comunicación, tallerista y editora. Fue becaria del Instituto Tamaulipeco para la Cultura y las Artes, en la disciplina de Letras (2010) y del Programa Financiarte del Consejo para la Cultura y las Artes de Nuevo León (2018) para exponer obra literaria en Venecia en la sede de Progetto 7LUNE. Fue una de las ganadoras del concurso internacional de poesía Altino, Italia 2020. Autora de los libros de poesía Antologia personal, *#SiLaMuerteSeEnamoraDeMí*, *Imágenes de la fertilidad*, *Canciones de espinas*, *Nunca tuve la vocación de Ana Karenina*, *Tiempo sin orillas*, *Crónica del silencio* y, de cuento, *Esta noche mamá necesita espacio para matarse*. Incluida, entre otras antologías, en *Perros de agua* (Miguel Ángel Porrúa, Ayto. de Tampico, 2007), selección de Liliana Blum y Sara Uribe; *La luna e i serpenti* (Progetto 7LUNE), *Ensayo Panorámico de la Literatura en Tamaulipas* (ITCA, 2015), selección de Orlando Ortiz y Tania Ortiz; *Parkour Pop. ético*, selección de Armando Salgado y José Agustín Solórzano (SEP, DGESPE, 2017), *Anthology FEIPOL* (LAFA, 2018) y *Poesía de puertas abiertas* (Malpaso ediciones, Honduras, 2020). Ha publicado poesía, cuento y ensayo en revistas como *Punto de partida*, *Armas y Letras*, *Arenas blancas*, *Círculo de poesía* y *Trasdemar de literaturas insulares*, adscrita al gobierno de Canarias, España. Su poema "Zapatos nuevos" aparece en la página de la Academia Mexicana de la Lengua, selección de Felipe Garrido, "Un poema al día" (nov. 2020). Hace viñetas, performance y cría tres hij@s.

Los siguientes poemas aparecieron en el dossier "Donde están ellas", revista electrónica de literatura Círculo de poesía (Territorio poético, 2018). Fundador: Alí Calderón. Director: Adalberto García López. Editor: Mario Bojórquez. Editores asociados: Mijail Lamas, Roberto Amézquita.

"Vestigios"
"Quiero un mundo donde mis hijas caminen libres"
"Petra"
"Luisa"
"María"
"Zapatos nuevos"
Este último poema también apareció en la antología Parkour Pop.ético o cómo saltar las bardas hacia el poema (Secretaría de Educación Pública / Dirección General de Educación Superior para Profesionales de la Educación, 2017), selección de José Agustín Solórzano y Armando Salgado, y en la Página de la Academia Mexicana de la Lengua, 2020 ("Un poema al día", selección de Felipe Garrido).

El poema "Piélago" apareció en la plaquette monográfica 7LUNE (Venecia, Italia) con los ganadores del Concurso Internacional de Poesía Altino, 2020.

Comentarios sobre la colección poética

Marisol Vera Guerra habla desde el cuerpo con descarada inocencia, como yegua que se complace a perseguir "su propia sombra en la arena", la poeta embebe su pluma en esa negrura que la acompaña desde chiquita, su ser tan divergente, tan alejado de la mediocridad de los otros. Un libro intensamente poblado por figuras de su presente y su pasado, amigas entrañables, figuras familiares ("Mi madre dijo que me amaba/ como se ama la oscuridad de un ataúd") y hombres que son espectros de una apasionada historia de amor de la autora: el amor hacia sí misma, hacia su ser diferente, hacia su propio dominio de la palabra. Asoma entre las líneas el amor hacia sus hijos y su íntima conexión con los animales que habitan su planeta-cuerpo en un universo estéril en el que ellos son pulsión viva de lo incorruptible, como lo es su propia poesía.

—Silvia Favaretto, Venecia, Italia.

Palabras/lanzas—Corazón/humeante

Qué dura y clara es la poesía de Marisol Vera Guerra. Una poesía loba, de colmillos filosos, calientes de devoración.

Cuando cayó en mis manos la ya clásica obra *Mujeres que corren con los lobos*, de Clarissa Pinkola Estés, supe que había una voz colectiva que invocaba, por fin, sin ataduras, de nuevo, a la loba que habita en cada una de las mujeres, desde el principio de los tiempos; así escuché en mi interior los aullidos que me catapultaron a escribir *La otra Ilíada*. Desde estas reverberaciones me llega ahora *Otras mujeres como lobas* y me estremece en el mismo diapasón.

Qué sonidos de pedernal cortando las aceras de Nueva York, San Antonio, Monterrey. En la estridencia de los desencuentros a los que nos arrojan estos tiempos tan extraños, aparecen, más reales que nunca, las cuevas donde la loba ejerce su mandato desde la raíz de las palabras. La poeta/loba llama a la manada de otras mujeres como lobas y entre todas ensanchan el espacio con sus palabras/lanza y sus corazones/humeantes para que el mundo entienda que aquí estamos, viviendo, cantando, escribiendo, las mujeres.

—Ethel Krauze, Jiutepec, Morelos
11 de abril de 2021

Este libro de poemas líricos anclados en la primera persona de Marisol Vera Guerra, poeta tamaulipeca, nos enseña las posibilidades de la imaginación para encontrar maneras de vivir en un mundo hostil, un mundo que oprime a las personas marginadas al tacharlas de torpes, extrañas y raras. Vera Guerra habita ese mundo —viajando entre distintas ciudades y transitando aeropuertos y calles y redes sociales— pero insiste en algo más allá de ese entramado de estructuras podridas. Se vuelve animal, gata, romántica para poder encarnar un pensamiento que las llevará a ella y a sus hijas más allá. ¿Cómo imaginar un mundo sin capitalismo? ¿Cómo imaginar un mundo en él que las mujeres supieran con seguridad que no van a enfrentar un acoso constante y una subvaloración persistente? Estos poemas plantean las preguntas y trazan un bosquejo para la reconstrucción de una relación diferente entre el individuo y el mundo.

—John Pluecker